VÉRONIQUE ET MICHEL DE MEYER

Cuisine Vapeur

Flammarion

Sommaire

LES ENTRÉES

LES POISSONS ET LES FRUITS DE MER

LES VIANDES ET LES VOLAILLES

LES LÉGUMES

LES CONDIMENTS

LES DESSERTS

INTRODUCTION

Des légumes croquants à souhait.
Un poisson qui fleure bon l'iode.
Une viande au goût authentique rehaussée de senteurs mystérieuses.
Des desserts inattendus et légers.
Facile, excellente pour la santé, savoureuse, rapide, diététique.
Voici quelques-uns des avantages que nous reconnaissons à la cuisine vapeur.
Cette méthode de cuisson permet d'utiliser moins, voire pas du tout, de matière grasse.
D'autre part, les aliments cuits de cette manière conservent mieux leurs vitamines et leurs minéraux hydrosolubles.
La vapeur permet de combiner facilement le goût authentique d'un aliment avec des aromates et des parfums.
Les combinaisons sont infinies et permettent de découvrir des nouveautés chaque jour de l'année et ce tout au long des saisons.

AVANT-PROPOS

Tout l'art de la cuisine consiste à préserver le goût naturel des aliments, tout en le soulignant et en le nuançant.
La cuisson à la vapeur permet d'y associer les aromates, les belles fines herbes et autres condiments.
Ceux-ci parfument le milieu de cuisson sans intervenir brutalement sur l'aliment à cuire.
Dans cet ouvrage nous vous proposons des recettes qui trouvent leur origine dans la cuisine du monde entier.
Depuis des siècles, cette façon de cuire les aliments fait partie intégrante de l'art culinaire.
Les Chinois nous ont laissé des écrits relatant le faste des banquets à la cour des mandarins au XVIIIe siècle : la cuisson à la vapeur était réservée aux mets les plus délicats.
Dans nos régions cette technique n'était certainement pas inconnue.
Ainsi, Brillat-Savarin conseillait en 1825 dans son illustre *Physiologie du goût* de cuire *« un turbot de grande taille »* à la vapeur.
Les temps modernes et l'ouverture sur le monde nous ont rapprochés de cultures culinaires très différentes de la nôtre et nous incitent à essayer des alliances de goûts nouvelles à notre palais.
La recherche de l'harmonie des Japonais dans le zen nous apprend ainsi à savourer le parfum exaltant d'une huître tiède ouverte à la vapeur.
Les Chinois, qui sont les maîtres en matière de combinaisons originales des quatre saveurs fondamentales (l'aigre, le salé, l'amer et le doux), nous font découvrir l'alliance du sucre et de la sauce soja pour rehausser le goût d'une volaille.

Techniques et matériel de base

Pour bien réussir la cuisine à la vapeur, la condition première est de disposer d'un récipient qui la retient efficacement.

Il faut s'assurer ensuite que le liquide de cuisson (eau ou bouillon) bout correctement pour que la vapeur soit produite en permanence.

La cuisson à la vapeur nécessite peu de surveillance, puisque les aliments ne peuvent brûler. Par prudence, prévoyez toujours assez de liquide de cuisson.

Pour les recettes reprises dans ce livre l'utilisation d'un cuit-vapeur électrique n'est pas indispensable. Néanmoins il a l'avantage de produire plus de vapeur en moins de temps, ce qui permet de retenir davantage de saveurs.

Si vous n'avez pas de cuit-vapeur électrique vous trouverez dans le commerce différents modèles de paniers, conçus à partir de matériaux les plus divers. Nous retenons surtout les modèles qui se déplient et s'adaptent ainsi à toutes les tailles de casseroles.

Un ustensile tout à fait recommandé pour la cuisson à la vapeur est l'autocuiseur ou la marmite à pression.

Les temps de cuisson

Les temps de cuisson indiqués dans cet ouvrage constituent une moyenne et doivent être adaptés au volume de la casserole et à la quantité d'aliments à cuire. Ils s'entendent à partir du moment ou la vapeur est chaude. Dans le cas particulier de la marmite à pression les temps de cuisson seront plus courts que ceux mentionnés ici. Souvenez-vous cependant qu'il vaut mieux prolonger la cuisson d'un aliment après vérification, que de le cuire trop.

Voici quelques règles fondamentales dont il faut tenir compte.

– Le temps de cuisson est lié à la dimension de l'aliment. Ainsi, les légumes, coupés en petits morceaux seront cuits plus vite que ceux laissés entiers.

– Un aliment à température ambiante cuit plus vite qu'un aliment sortant du réfrigérateur.

– Le résultat de la cuisson d'un aliment dépend de sa qualité d'élevage et/ou de sa fraîcheur.

LES ENTRÉES

Asperges aux œufs mollets

Pour 4 personnes

Cette préparation est une variante d'un grand classique de la cuisine belge : les asperges à la flamande.
Temps de préparation : 30 minutes
Temps de cuisson : 20 minutes

500 g d'asperges blanches
100 g de beurre
4 œufs
Noix muscade
Persil haché

Pelez soigneusement les asperges et posez-les dans un panier à vapeur suffisamment long pour qu'elles soient bien à plat.
Faites-les cuire 10 minutes à la vapeur d'eau. Piquez avec une fourchette dans l'une d'elles pour vérifier la cuisson. Elles doivent être tendres mais pas molles.
Dressez-les sur 4 assiettes chauffées.
Faites fondre le beurre.
Faites cuire les œufs pendant 6 minutes, écalez-les délicatement et posez-les sur les assiettes. Coupez-les en deux pour laisser couler le jaune.
Versez le beurre fondu sur la préparation et saupoudrez de noix muscade et de persil.
Servez immédiatement avec du gros sel et des toasts.

Calamars aux tomates et persil

Pour 4 personnes

Temps de préparation : 5 minutes
Temps de cuisson : 22 minutes

4 poches de calamars
2 dl de bouillon de veau
4 tomates
1 carotte
Thym
2 cuillerées à soupe de sucre en poudre
4 cuillerées à soupe de persil haché
Poivre, sel

Coupez les calamars parés en tranches de 5 millimètres.
Mettez-les à cuire, 7 minutes environ, à la vapeur de bouillon de veau. Otez les et réservez-les.
Réservez également le bouillon de veau restant.
Coupez les tomates et la carotte en morceaux et ajoutez-les, avec le sucre, dans le bouillon réservé.
Poivrez, salez et parfumez avec le thym.
Faites cuire doucement 15 minutes. Remuez de temps en temps.
Passez cette sauce dans un tamis, incorporez le persil puis les rondelles de calamars.
Servez chaud.

Chicons aux langoustines

Pour 4 personnes

Temps de préparation : 15 minutes
Temps de cuisson : 10 minutes

4 chicons
16 langoustines cuites
1 jus de citron
2 dl de bouillon de légumes
2 dl de crème fraîche
2 cuillerées à soupe
de ciboulette hachée
Poivre, sel

Coupez et ôtez la base et le cœur des chicons. Posez-les en couche régulière dans le panier à vapeur.
Poivrez et arrosez de citron.
Faites cuire 5 minutes à la vapeur du bouillon de légumes.
Décortiquez les langoustines et posez-les sur les chicons dans le panier.
Versez la crème fraîche dans un poêlon. Poivrez, salez puis incorporez 6 cuillerées à soupe de bouillon. Faites chauffer, puis parsemez de ciboulette hachée.
Dressez les chicons et les langoustines dans le plat de service puis arrosez-les de sauce.

Coquillages au citron vert

Pour 4 personnes

Temps de préparation : 15 minutes
Temps de cuisson : 4 minutes

12 moules
12 prairies
18 coques
18 palourdes
1 oignon
3 citrons verts
1 branche de céleri vert
2 dl de bouillon de légumes

Grattez et lavez soigneusement les coquillages pour éliminer toute trace de sable.
Mettez-les dans le panier du cuit-vapeur.
Coupez les citrons en fines tranches, le céleri en morceaux et ajoutez-les au bouillon.
Parsemez d'oignon haché les coquillages puis faites-les cuire à la vapeur du bouillon.
Les coquillages sont prêts quand ils sont ouverts.

Crevettes à la crème d'ail

Pour 4 personnes

Temps de préparation : 10 minutes
Temps de cuisson : 13 minutes

20 queues de crevettes géantes crues
2 têtes d'ail
2 dl de bouillon de légumes
1 cuillerée à soupe de pastis
1 dl de crème fraîche
Poivre

Mettez les têtes d'ail pelées dans le bouillon de légumes, et faites-les cuire pendant 5 minutes.
Décortiquez les crevettes en ne laissant que la dernière écaille.
Posez-les dans le panier à vapeur, poivrez et faites cuire 8 minutes à la vapeur du bouillon.
Retirez l'ail puis mixez-le dans 4 cuillerées à soupe de bouillon.
Ajoutez le pastis et la crème fraîche. Mélangez jusqu'à obtention d'une pâte lisse.
Dressez les crevettes sur un plat ou des assiettes individuelles, versez délicatement la crème d'ail autour.

Crevettes aux radis et concombre, sauce à la menthe

Pour 4 personnes

Temps de préparation : 25 minutes
Temps de cuisson : 15 minutes

400 g de grosses crevettes crues
1 concombre
2 dl de bouillon de légumes
1 bouquet de menthe, 1 botte de radis
2 cuillerées à soupe de crème fraîche
Poivre

Lavez les crevettes à grande eau. Posez-les dans le panier à vapeur et faites-les cuire 8 minutes à la vapeur du bouillon de légumes. Pelez et égrainez le concombre et coupez-le en petits morceaux. Ajoutez-le 2 minutes avant la fin de la cuisson des crevettes.
Sortez le panier ; laissez tiédir les crevettes. Incorporez la menthe hachée et la crème fraîche au bouillon. Poivrez et laissez épaissir légèrement à feu vif.
Versez la sauce chaude sur les crevettes puis laissez refroidir le tout.
Dressez les radis coupés en rondelles sur les crevettes.
Servez froid, éventuellement dans des bols posés sur un lit de glace pilée.

Feuilles de chou farcies au potiron

Pour 6 personnes

Temps de préparation : 45 minutes
Temps de cuisson : 35 minutes

8 feuilles de chou vert
600 g de chair de potiron
10 cl de lait
2 tranches de jambon
2 œufs
1 cuillerée à soupe de persil haché
1 tranche de pain
3 dl de bouillon de légumes
Poivre, sel

Coupez le potiron en gros dés et faites-le cuire 20 minutes à la vapeur d'eau.
Faites ramollir les feuilles du chou à la vapeur pendant 3 minutes puis, une fois sorties, posez-les bien à plat sur un torchon.
Mixez le jambon, les œufs, le persil, le lait et la mie du pain. Salez et poivrez. Mélangez.
Farcissez les feuilles de cette préparation, posez-les délicatement dans le panier du cuit vapeur, et laissez cuire 15 minutes à la vapeur du bouillon.
Servez très chaud.

Foie gras vapeur

Pour 6 personnes

Temps de préparation : 30 minutes
Temps de cuisson : 45 minutes
Temps de repos : 4 heures

500 g de foie gras frais
100 g de raisins secs
1,5 dl de madère
1 l de bouillon de poule
Sel
Poivre

Parez et coupez le foie en morceaux.
Faites macérer les raisins dans le madère pendant 1 heure puis mélangez-les au foie. Salez et poivrez.
Formez cette préparation en rouleau sur une triple couche de mousseline ou un torchon de cuisine. Roulez et ficelez le tout.
Posez sur un panier suffisamment grand pour que le rouleau soit bien à plat et faites cuire 45 minutes à la vapeur du bouillon.
Laissez refroidir avant de déballer.

Fricassée végétarienne d'ananas et de légumes

Pour 4 personnes

Temps de préparation : 20 minutes
Temps de cuisson : 7 minutes

1 carotte, 1 blanc de poireau
100 g de haricots mange-tout
1/2 piment rouge
2 dl de bouillon de légumes
200 g de jets de soja
3 tranches d'ananas
2 cuillerées à soupe d'huile de noix
1 cuillerée à soupe de graines
de sésame grillées

Coupez la carotte et le poireau en fines tranches.
Parez et coupez les haricots en morceaux réguliers et le piment en petits morceaux.
Faites cuire les légumes dans le panier à vapeur 5 minutes à la vapeur du bouillon.
Ajoutez les jets de soja et faites cuire 2 minutes ; ils doivent rester croquants.
Sortez le soja du panier et incorporez l'ananas coupé en morceaux réguliers.
Versez l'huile et les graines de sésame. Mélangez délicatement.
Dressez fruit et légumes dans le plat de service et servez à température ambiante.

Moules au vert

Pour 4 personnes

Temps de préparation : 50 minutes
Temps de cuisson : 40 minutes

1,5 kg de moules
3 dl de fumet de poisson
10 feuilles d'oseille
5 kg d'épinards
4 brins de persil
1 brin d'estragon
4 feuilles de sauge
50 g de cerfeuil
1 dl de crème
Poivre

Posez les moules dans un panier et laissez-les s'ouvrir à la vapeur du fumet. Dès qu'elles sont ouvertes, retirez-les des coquilles et réservez-les.
Lavez les herbes et les légumes puis hachez-les. Faites cuire les légumes hachés, par petites quantités, à la vapeur du fumet qui a servi à la cuisson des moules.
Filtrez ce fumet et incorporez la crème. Faites réduire à feu vif. Poivrez et ajoutez les légumes et les herbes pour les faire réchauffer ; ajoutez les moules et servez.

Mousseline de poisson au chou chinois

Pour 4 personnes

Temps de préparation : 55 minutes
Temps de cuisson : 20 minutes

400 g de filet de saumon
2 blancs d'œufs, 2 dl de crème fraîche
1 chou chinois, 1 pincée de paprika en poudre
4 dl de fumet de poisson
1 cuillerée à soupe d'huile, poivre

Pour la sauce

2 cuillerées à soupe de sauce soja
4 cuillerées à soupe d'huile
1 cuillerée à soupe de miel, poivre

Détachez les feuilles du chou et faites-les ramollir par petites quantités à la vapeur d'eau.
Posez-les à plat sur un torchon.
Passez le poisson au mixer ou au mortier et mélangez-le avec les blancs d'œufs et la crème. Poivrez et parfumez de paprika.
Huilez 4 ramequins, foncez-les d'une feuille de chou et remplissez-les de la mousse de poisson. Repliez les bords vers le dessus et faites cuire à la vapeur du fumet de poisson. Il faut qu'ils deviennent fermes.
Faites chauffer le miel, l'huile et la sauce soja à feu doux, poivrez.
Retournez les ramequins sur les assiettes de service, nappez de sauce et servez.

Pommes de terre au caviar et crème

Pour 4 personnes

Grand classique de la cuisine baltique, cette préparation remplace les traditionnels blinis.

Temps de préparation : 5 minutes
Temps de cuisson : 12 minutes

4 pommes de terre (type bintje, de même taille et de forme régulière)
2 dl de crème fraîche
200 g de caviar, poivre

Lavez soigneusement les pommes de terre. Posez-les dans le panier à vapeur et faites-les cuire à la vapeur d'eau pendant 12 minutes. Piquez-les avec une fourchette pour vérifier la cuisson. Elles doivent être tendres à cœur.
Posez les pommes de terre sur les assiettes de service, coupez le dessus, creusez et remplissez d'une cuillerée à soupe de crème légèrement battue.
Garnissez d'une même quantité de caviar, poivrez et servez aussitôt. La crème fondra et la chaleur exhaussera le parfum du caviar.

Roulades de courgettes au thon et vin blanc

Pour 4 personnes

Temps de préparation : 30 minutes
Temps de cuisson : 6 minutes

2 courgettes
50 g d'olives vertes dénoyautées
4 filets d'anchois à l'huile
1 boîte de thon à l'huile
4 cuillerées à soupe d'huile d'olive
1 bouquet de basilic
2 cuillerées à soupe de câpres
10 cl de vin blanc, poivre, sel

Lavez et séchez les courgettes. Coupez-les dans le sens de la longueur en tranches de 3 millimètres d'épaisseur puis cuisez-les à la vapeur d'eau pendant 3 minutes pour les ramollir.
Hachez les olives et les anchois, émiettez le thon et mélangez.
Salez et poivrez les lanières de courgettes.
Posez 1 cuillerée à soupe de la préparation au thon au centre de chaque tranche de courgette puis posez une feuille de basilic, roulez et fixez à l'aide d'un bâtonnet.
Faites revenir les roulades dans l'huile chaude pendant 3 minutes et réservez-les sur un plat de service chaud.
Déglacez la poêle avec le vin et versez sur les roulades.
Garnissez des feuilles de basilic restantes et de câpres.
Servez bien chaud.

Saumon tiède à la provençale

Pour 4 personnes

Temps de préparation : 25 minutes
Temps de cuisson : 11 minutes

4 tranches de saumon fumé
1 poivron rouge, 1 poivron vert
1 poivron jaune, 1 échalote
2 cuillerées à soupe de mayonnaise
1 cuillerée à soupe de câpres
1 cuillerée à soupe de persil haché
1 cuillerée à soupe de ciboulette hachée
Poivre, sel

Otez les graines et les parties blanches des poivrons puis coupez-les en petits dés. Poivrez et salez.
Hachez l'échalote et mélangez-la aux poivrons.
Faites cuire les légumes à la vapeur d'eau pendant 10 minutes.
Posez les tranches de saumon sur les légumes et faites chauffer le tout pendant 1 minute sans couvrir.
Retirez les légumes et le poisson du panier et dressez-les sur les assiettes de service.
Laissez tiédir à température ambiante.
Incorporez les câpres, la ciboulette et le persil hachés à la mayonnaise et dressez celle-ci en un fin ruban autour de la préparation.

Scampi au chou chinois

Pour 4 personnes

Temps de préparation : 25 minutes
Temps de cuisson : 15 minutes

250 g de scampi crus décortiqués
1/2 chou chinois
2 oignons hachés
2 cuillerées à soupe de persil haché
2 dl de fumet de poisson
3 cuillerées à soupe de sauce soja
Poivre du moulin

Coupez le chou en lanières.
Posez 1 couche de chou dans le fond du panier vapeur, puis disposez les scampi. Poivrez. Parsemez d'oignons et de persil hachés.
Couvrez avec le chou restant et laissez cuire 15 minutes à la vapeur du fumet.
Retirez les scampi à l'aide d'une fourchette et assaisonnez-les de sauce soja.
Dressez les scampi et le chou dans des bols ou des petits plats individuels.
Dégustez chaud.

Soupe d'huîtres

Pour 4 personnes

Temps de préparation : 20 minutes
Temps de cuisson : 8 minutes

16 huîtres creuses, 2 carottes
1 branche de céleri-branche
4 cuillerées à soupe de petits pois
200 g de champignons
Quelques brins de ciboulette
2 dl de bouillon de veau
Poivre du moulin

Posez les huîtres, côté creux vers le bas, dans le panier du cuit vapeur.
Faites-les s'ouvrir à la vapeur d'eau. Comptez 4 minutes.
Détachez les huîtres de leur coquille à l'aide d'un couteau et réservez le jus.
Coupez carottes et céleri en lanières. Mélangez-les avec les petits pois et faites cuire 3 minutes à la vapeur de veau.
Parez les champignons, ajoutez-les aux légumes et faites-les cuire 2 minutes à la vapeur du bouillon.
Disposez les huîtres et leur jus dans les assiettes.
Ajoutez les légumes et un peu de bouillon de cuisson.
Décorez avec la ciboulette et un tour de moulin à poivre et servez aussitôt.

Saint-jacques au basilic et vermouth

Pour 4 personnes

Temps de préparation : 20 minutes
Temps de cuisson : 12 minutes

16 noix de saint-jacques
2 cuillerées à soupe de farine
2 cuillerées à soupe d'huile d'olive
2 dl de bouillon de veau
1 verre de vermouth
1 bouquet de basilic
1 dl de crème fraîche

Faites chauffer l'huile à la poêle.
Farinez les noix avant de les faire sauter vivement 5 secondes sur chaque face.
Retirez-les de la poêle et posez-les, les unes à côté des autres, dans le panier à vapeur. Faites cuire pendant 6 minutes à la vapeur du bouillon. Réservez-les sur un plat de service chaud.
Incorporez le vermouth, le basilic et la crème au bouillon. Laissez épaissir à feu vif. Versez la sauce sur les saint-jacques et servez aussitôt.

Tomates farcies aux œufs et au fromage de chèvre

Pour 4 personnes

Temps de préparation : 10 minutes
Temps de cuisson : 15 minutes

4 tomates de forme régulière
150 g de fromage de chèvre frais
4 œufs
100 g d'olives noires dénoyautées
2 gousses d'ail
2 cuillerées à soupe d'huile d'olive
2 dl de bouillon de bœuf
Poivre, sel

Décalottez les tomates et réservez les chapeaux. Retirez la pulpe, sans percer la peau. Réservez.
Salez et poivrez l'intérieur des tomates évidées.
Divisez le fromage en 4 portions et remplissez-en les tomates.
Cassez 1 œuf dans chaque tomate et refermez avec les chapeaux.
Hachez grossièrement la pulpe avec les olives, l'ail et l'huile puis versez la préparation dans un plat supportant la chaleur.
Disposez les tomates farcies dans le plat et faites cuire pendant 15 minutes à la vapeur du bouillon. Les jaunes d'œufs doivent être coulants.
Servez chaud avec des pommes de terre rissolées ou du pain bis.

Tomates farcies au risotto et fromage

Pour 4 personnes

Temps de préparation : 10 minutes
Temps de cuisson : 15 minutes

4 tomates
100 g de riz cuit
1 pincée de curcuma
1 boule de mozzarella
10 olives noires dénoyautées
2 cuillerées à soupe de pignons de pin
2 dl de bouillon de légumes

Coupez le dessus des tomates, puis videz-les sans entamer la peau.
Préparez la farce en mélangeant le riz, le curcuma, la mozzarella coupée en dés, les olives et les pignons.
Remplissez les tomates de cette préparation. Posez-les dans le panier vapeur et faites-les cuire pendant 15 minutes à la vapeur du bouillon.
Ce plat se déguste tiède ou chaud.

LES POISSONS ET LES FRUITS DE MER

Aile de raie au citron vert

Pour 4 personnes

Temps de préparation : 30 minutes
Temps de cuisson : 8 minutes

4 ailes de raie de 150 g
4 citrons verts non traités
2 cuillerées à soupe de persil haché
150 g de beurre ramolli
3 dl de fumet de poisson
2 cuillerées à soupe de vinaigre de vin blanc

Prélevez et coupez le zeste de 2 citrons en fines lanières.
Réservez 25 g de beurre et mélangez le reste avec le jus de 2 citrons et le persil. Réservez-le au réfrigérateur.
Coupez les 2 autres citrons en fines tranches.
Posez le poisson dans le panier à vapeur et couvrez-le des tranches de citron.
Mélangez le fumet, le vinaigre et les zestes.
Faites cuire les ailes de raie pendant 8 minutes à la vapeur du fumet. Réservez au chaud.
Sortez les zestes à l'aide d'une écumoire et mettez-les dans un poêlon avec 8 cuillerées à soupe de jus de cuisson.
Laissez le jus de cuisson épaissir avant de le verser sur le poisson.
Servez les ailes de raie décorées du beurre réservé.

Cabillaud aux lentilles et lardons

Pour 4 personnes

Temps de préparation : 80 minutes
Temps de cuisson : 45 minutes pour les lentilles, 15 minutes pour le poisson

800 g de darnes de cabillaud
200 g de lentilles
1 carotte, 3 dl de vin blanc sec
150 g de lardons, 2 oignons
2 clous de girofle, 2 gousses d'ail
1 cuillerée à soupe de persil haché
2 feuilles de laurier, poivre

Pour la sauce

1 dl de crème fraîche
1 dl de vin blanc

Faites cuire les lentilles 45 minutes à la vapeur d'eau avec la carotte coupée en tranches, 1 oignon clouté des 2 clous de girofle, les 2 gousses d'ail et les feuilles de laurier. Remuez de temps en temps.
Retirez l'oignon. Jetez l'eau du cuit-vapeur et remplacez-la par le vin.
Posez les darnes et les lardons sur les lentilles. Incorporez 1 oignon haché, poivrez puis mettez-le tout à cuire 15 minutes à la vapeur de vin.
Chauffez la crème, le poivre et le vin dans un caquelon, faites réduire et épaissir à feu vif. Versez cette sauce sur les lentilles. Dressez le poisson.
Saupoudrez de persil haché et servez.

Cassolette de poissons d'eau douce aux oignons grelots

Pour 4 personnes

Temps de préparation : 20 minutes
Temps de cuisson : 20 minutes

500 g d'anguilles
2 truites
500 g de filet de brochet
2 oignons, 1 gousse d'ail
1 branche de céleri vert
5 dl de vin blanc sec
2 feuilles de laurier
2 branches de persil
3 cuillerées à soupe d'oignons grelots au vinaigre
100 g de petits champignons de Paris
Poivre

Tronçonnez les poissons vidés en morceaux de taille égale puis posez-les dans le panier du cuit-vapeur.
Pelez et hachez les oignons et l'ail. Coupez le céleri en morceaux.
Versez le vin dans le fond du cuit-vapeur avec l'ail, les oignons, le céleri, le persil et les feuilles de laurier. Poivrez.
Faites cuire le poisson 15 minutes puis incorporez les oignons grelots égouttés et rincés à l'eau et les champignons coupés en tranches. Laissez cuire encore 5 minutes.
Servez chaud avec de la moutarde douce et du pain bis.

Dos de lotte au lard et trois poivres

Pour 4 personnes

Temps de préparation : 10 minutes
Temps de cuisson : 20 minutes

600 g de dos de lotte
Poivre du moulin (blanc, noir ou un mélange des deux)
1 cuillerée à café de poivre vert
2 cuillerées à café de poivre rose
1 cuillerée à soupe de persil haché
4 feuilles de laurier
3 dl de bouillon de légumes
100 g de lard fumé en tranches

Parfumez la lotte avec du poivre du moulin, le poivre vert et le poivre rose.
Posez les feuilles de laurier sur le poisson et couvrez des tranches de lard disposées comme des tuiles.
Ficelez le tout et mettez-le dans le panier du cuit-vapeur, puis faites cuire pendant 20 minutes à la vapeur du bouillon.
Saupoudrez de persil avant de servir.
Vous pouvez préparer une sauce avec le jus de cuisson enrichi d'un peu de crème fraîche et de jus de citron.

Filets de saumon en robe de laitue

Pour 4 personnes

Temps de préparation : 35 minutes
Temps de cuisson : 25 minutes

4 filets de saumon de 150 g chacun
2 laitues, 2 dl de bouillon de veau
Poivre, sel

Pour la sauce

1 noix de beurre, 2 échalotes
2 dl de vin blanc sec
2 dl de crème fraîche
2 cuillerées à soupe
de ciboulette hachée

Détachez les feuilles de laitue et rincez-les. Retirez la grosse nervure au centre des feuilles.
Posez 1 couche de feuilles dans le panier de cuisson et faites ramollir à la vapeur d'eau. Procédez en plusieurs fois, par petites quantités.
Enrobez chaque morceau de poisson dans plusieurs feuilles, posez-les dans le panier à vapeur puis faites-les cuire 15 minutes dans le bouillon.
Faites fondre le beurre, ajoutez les échalotes hachées et le vin. Laissez réduire de deux tiers puis incorporez la crème fraîche, laissez épaissir et parfumez à la ciboulette. Salez et poivrez.

Harengs aux piments

Pour 4 personnes

Temps de préparation : 10 minutes
Temps de cuisson : 15 minutes

4 harengs
1 oignon
2 carottes
2 dl de vin blanc
2 dl de fumet de poisson
2 piments
1 feuille de laurier
Quelques brins de thym frais

Mélangez le vin et le fumet.
Hachez l'oignon. Epluchez et coupez les carottes en rondelles.
Posez les carottes et l'oignon, puis les harengs entiers et vidés dans le fond du panier.
Assaisonnez des piments coupés en morceaux, du laurier et du thym. Faites cuire pendant 15 minutes dans la vapeur du fumet.
Otez les poissons du panier, puis posez-les sur un plat.
Servez chaud avec des pommes de terre vapeur.
Vous pouvez servir ces harengs froids mais nous vous conseillons alors de filtrer et de dégraissez le jus de cuisson avant de le verser dans le plat de service.

Loup de mer aux pruneaux

Pour 4 personnes

Temps de préparation : 35 minutes
Temps de cuisson : 8 minutes

600 g de filets de loup
2 échalotes
16 pruneaux
5 cl de porto rouge
2 dl de bouillon de volaille
Poivre

Emincez finement les échalotes.
Faites tremper les pruneaux dans le porto pendant 30 minutes.
Posez le poisson dans le panier du cuit-vapeur. Poivrez et incorporez les échalotes émincées.
Faites cuire le poisson 8 minutes à la vapeur du bouillon.
Faites chauffer le mélange de pruneaux et de porto.
Dressez les filets sur un plat ou des assiettes chauffées.
Posez les pruneaux sur le poisson et versez délicatement le porto.
Servez aussitôt avec des pommes de terre vapeur.

Moules à la crème de céleri

Pour 4 personnes

Temps de préparation : 35 minutes
Temps de cuisson : 20 minutes

4 kg de moules
1 céleri vert
2 oignons
4 dl de bouillon de légumes
1 dl de crème fraîche

Lavez les moules à grande eau et rincez-les pour éliminer toute trace de sable.
Coupez le céleri en morceaux. Faites-le cuire 8 minutes à la vapeur d'eau puis mixez-le et passez-le au tamis pour éliminer tous les fils.
Incorporez la crème fraîche et les oignons émincés. Réchauffez la préparation dans un poêlon à feu très doux. Mettez les moules dans le panier du cuit-vapeur et faites-les cuire à la vapeur du bouillon.
Les moules sont cuites dès qu'elles sont ouvertes.
Versez la sauce directement sur les moules ou dans une saucière.
Servez ce plat avec du pain de seigle et du beurre salé.

Truites aux oranges

Pour 4 personnes

Temps de préparation : 10 minutes
Temps de cuisson : 20 minutes

4 truites
3 oranges non traitées
4 cuillerées à soupe d'huile d'olive
4 brins de menthe poivrée
3 dl de bouillon de légumes
3 cuillerées à soupe de graines de fenouil
Poivre

Faites infuser les graines de fenouil dans le bouillon de légumes.
Prélevez le zeste de 2 oranges et coupez-les en fines lanières. Pressez 3 oranges.

Posez les truites sur du papier aluminium. Versez l'huile, les jus et zestes d'oranges, poivrez. Posez les brins de menthe et faites cuire 20 minutes à la vapeur du bouillon.

Truite saumonée marinée au vin rouge

Pour 6 personnes

Temps de préparation : 15 minutes
Temps de cuisson : 20 minutes
Temps de marinade : 3 heures

1 truite saumonée de 1 kg, vidée
3 carottes
2 oignons
5 gousses d'ail
1 blanc de poireau
1 branche de céleri
1 cuillerée à soupe de grains de poivre
1 bouteille de vin rouge fruité

Parez les légumes, les oignons et l'ail puis coupez-les en petits morceaux.
Posez le poisson entier dans un plat creux. Mettez les légumes autour, versez le vin.
Parfumez avec le poivre et laissez mariner au frais pendant 3 heures.
Retirez le poisson de la marinade.
Versez la marinade dans le fond du cuit-vapeur, faites cuire le poisson pendant 20 minutes à la vapeur.
Vérifiez la cuisson en soulevant la peau à l'aide d'un couteau non tranchant. Si la peau résiste, prolongez la cuisson de quelques minutes.
Servez ce plat avec des pommes de terre persillées.

Truites à la mousseline de champignons des bois

Pour 4 personnes

Temps de préparation : 20 minutes
Temps de cuisson : 25 minutes

4 truites
200 g de filet de poisson d'eau douce
1 cuillerée à soupe d'estragon haché
100 g de pain blanc, 3 blancs d'œufs
100 g de champignons des bois
1 noix de beurre, 1 gousse d'ail
2 dl de fumet de poisson

Passez les filets de poisson au mixer avec l'estragon.
Effilochez la mie en petits morceaux et ajoutez-les au poisson mixé.
Battez les blancs en neige ferme et réservez.
Nettoyez et coupez les champignons en petits morceaux.
Faites fondre le beurre, ajoutez l'ail puis faites revenir les champignons rapidement, à feu vif.
Laissez tiédir.
Mélangez les champignons, la farce de poisson et incorporez délicatement les blancs d'œufs battus en neige. Farcissez les truites de cette préparation.
Posez les truites dans un panier à cuisson, la farce vers le haut, et faites-les cuire 25 minutes à la vapeur du fumet.
Dressez les poissons sur un plat de service préalablement chauffé et servez-les immédiatement, accompagnées de pommes de terre rissolées.

LES VIANDES ET LES VOLAILLES

Chaussons de canard à l'orange

Pour 4 personnes

Temps de préparation : 10 minutes
Temps de cuisson : 30 minutes

2 magrets de canard de 250 g chacun
4 cuillerées à soupe de confiture d'oranges
50 g de beurre
1 oignon
4 dl de bouillon de poule
1 jus d'orange

Entaillez les magrets. Farcissez-les de confiture et ficelez-les avec un bâtonnet.
Faites fondre le beurre, incorporez l'oignon haché et faites dorer la viande sur les deux faces.
Posez le plat dans le cuit-vapeur, versez le bouillon dans le fond et faites cuire pendant 10 minutes.
Versez le jus d'orange puis laissez cuire encore 20 minutes.

Blancs de poulet vapeur aux légumes de printemps

Pour 4 personnes

Temps de préparation : 25 minutes
Temps de cuisson : 20 minutes

4 filets de poulet
2 blancs de poireaux
4 dl de bouillon de volaille
2 échalotes
3 jeunes carottes
250 g de petits champignons
1 dl de crème fraîche
1 cuillerée à soupe de porto
1 bouquet de cressonnette
Poivre, sel

Coupez les blancs de poireaux en rondelles et incorporez-les au bouillon.
Hachez les échalotes, coupez les carottes et les champignons.
Mélangez les légumes dans le panier du cuit-vapeur. Posez le poulet dessus. Salez et poivrez.
Faites cuire 20 minutes à la vapeur du bouillon. Réservez au chaud.
Mixez les poireaux et le bouillon restant avec la crème fraîche et le porto. Laissez épaissir la sauce à feu vif puis versez-la sur la viande.
Garnissez d'un bouquet de cressonnette et servez avec des pommes de terre vapeur ou du riz.

Chou farci cuit au torchon

Pour 8 personnes

Temps de préparation : 30 minutes
Temps de cuisson : 47 minutes

1 chou vert
500 g de viande hachée
1 oignon
2 gousses d'ail
3 cuillerées à soupe de persil haché
100 g de lard fumé
100 g de jambon fumé

Prélevez les feuilles extérieures du chou, lavez-les, retirez les nervures centrales avant de les faire ramollir 2 minutes à la vapeur d'eau. Réservez-les bien à plat.
Préparez la farce en incorporant à la viande l'oignon haché, l'ail pressé, le persil, le lard et le jambon coupés en dés. Faites une boule du mélange.
Posez une couche de feuilles de chou sur le torchon. Disposez la viande au milieu puis repliez les bords des feuilles autour. Couvrez avec le reste des feuilles.
Resserrez le torchon autour afin que la viande soit couverte de feuilles sur toute la surface.
Nouez le tissu avec de la ficelle alimentaire, posez le paquet dans le panier à vapeur. Versez le bouillon et faites cuire le chou pendant 45 minutes. Vérifiez en cours de cuisson qu'il reste suffisamment de liquide dans le fond.
Ce plat se sert chaud ou froid.

Curry d'agneau au basilic

Ne posez pas la viande dans un panier,
mais dans un plat supportant la chaleur.
Le jus qui s'écoule servira de base pour la sauce.

Pour 4 personnes

Temps de préparation : 10 minutes
Temps de cuisson : 30 minutes

600 g de filet d'agneau
2 tomates, 6 échalotes
1 oignon, 1 clou de girofle
2 cuillerées à soupe d'huile
4 dl de bouillon de veau
1 cuillerée à café de curry
2 cuillerées à café de gingembre frais râpé
1 pincée de sucre brun
1 bouquet de basilic

Coupez la viande en gros dés.
Pelez et épépinez les tomates.
Hachez les échalotes et l'oignon et faites-les revenir dans l'huile avec le clou de girofle. Faites-y dorer la viande sur toutes les faces. Réservez la poêle.
Posez la viande dans un plat supportant la chaleur et faites-la cuire pendant 10 minutes à la vapeur du bouillon.
Faites cuire les tomates, à feu doux, dans la poêle réservée avec le curry, le gingembre, le sucre et le basilic.
Versez le contenu de la poêle sur la viande, retirez le clou de girofle et laissez le tout cuire à la vapeur encore 20 minutes.
Servez avec du riz au curcuma ou nature.

Curry de poulet aux herbes

Pour 4 personnes

Temps de préparation : 15 minutes
Temps de cuisson : 15 minutes
Temps de repos : 1 heure

4 filets de poulet
2 échalotes
2 gousses d'ail
1 cuillerée à soupe de coriandre hachée
1 cuillerée à soupe de menthe hachée
1 cuillerée à soupe de citronnelle hachée
2 cuillerées à soupe d'amandes effilées
3 fils de safran
3 dl de lait de noix de coco
2 dl de bouillon de volaille

Coupez les filets de poulet en dés.
Hachez les échalotes, pressez l'ail puis incorporez-les à la viande. Ajoutez la coriandre, la menthe, la citronnelle, les amandes et le safran. Versez le lait de noix de coco.
Laissez reposez la préparation au frais pendant 1 heure.
Versez la viande dans un plat supportant la chaleur et faites-la cuire 15 minutes à la vapeur du bouillon. Remuez souvent.
Servez avec du riz.

Dés de poulet marinés au citron vert, paprika et piments

Pour la cuisson de ce plat nous utilisons un plat plutôt qu'un panier : cela permet d'utiliser la marinade comme fonds de sauce.

Pour 4 personnes

Temps de préparation : 15 minutes
Temps de cuisson : 18 minutes
Temps de marinade : 1 heure

600 g de filets de poulet
4 tomates, 2 citrons verts
1 cuillerée à café de curcuma
2 petits piments rouges frais
1 cuillerée à café de gingembre râpé
2 gousses d'ail
2 dl de bouillon de volaille
2 dl de lait de noix de coco

Pelez et épépinez les tomates.
Coupez le poulet en dés.
Pressez les citrons. Incorporez le curcuma, les piments finement coupés, le gingembre et l'ail. Versez sur le poulet puis laissez mariner 1 heure.
Mélangez les tomates dans la marinade et versez dans un plat supportant la chaleur. Faites cuire 15 minutes à la vapeur du bouillon. Remuez toutes les 5 minutes.
Versez le lait de noix de coco et laissez cuire encore 3 minutes.
Servez ce plat avec du riz parfumé type basmati par exemple.

Filet de bœuf à la ficelle et aux petits légumes

Pour 4 personnes

Temps de préparation : 10 minutes
Temps de cuisson : 55 minutes

600 g de filet de bœuf
8 petites pommes de terre
8 carottes, 4 branches de céleri
4 oignons, 2 blancs de poireau
1/2 chou-fleur
4 dl de bouillon de bœuf

Ficelez la viande.
Posez-la dans un panier à vapeur et faites-la cuire à la vapeur du bouillon pendant 35 minutes sans l'ouvrir.
Vérifiez le niveau du bouillon, rajoutez-en si nécessaire et disposez les pommes de terre autour de la viande.
Faites cuire pendant 10 minutes.
Ajoutez les carottes, le céleri, les blancs de poireau, le chou-fleur et les oignons coupés en petits morceaux.
Faites cuire le tout pendant encore 10 minutes.
Servez ce plat avec une mayonnaise relevée avec des câpres, des cornichons et un jus de citron.

Fricassée de poulet aux jeunes légumes et pâtes de riz

Pour 4 personnes

Temps de préparation : 25 minutes
Temps de cuisson : 20 minutes

600 g de filets de poulet
2 carottes nouvelles
1 pomme de terre
3 oignons nouveaux
1 blanc de poireau
200 g de petits pois
3 dl de bouillon de volaille
50 g de pâtes de riz
3 cuillerées à soupe de sauce soja
2 cuillerées à soupe de sucre fin
Poivre, sel

Poivrez et salez le poulet et faites-le cuire 12 minutes à la vapeur d'eau. Réservez-le.
Coupez les carottes, la pomme de terre, les oignons et le poireau en morceaux, ajoutez les petits pois, puis faites cuire 4 minutes à la vapeur du bouillon. Réservez.
Faites cuire les pâtes 3 minutes dans le bouillon au fond du cuit-vapeur. Sortez-les et posez-les dans le panier.
Coupez la viande en fricassée grossière puis mélangez-la aux pâtes.
Ajoutez les légumes, la sauce soja, le sucre et remuez délicatement.
Faites cuire le tout encore 3 minutes.
Servez chaud.

Riz au poulet et jets de soja

Pour 4 personnes

Temps de préparation : 10 minutes
Temps de cuisson : 25 minutes

4 filets de poulet
60 g de riz basmati
50 g de jets de soja
2 cuillerées à soupe de lait de coco
6 dl de bouillon de volaille
1 branche de citronnelle
1 cuillerée à soupe d'huile
1 cuillerée à soupe de feuilles de menthe

Coupez le poulet en lanières et faites-les cuire à la vapeur du bouillon pendant 5 minutes.
Réservez-les dans un bol avec 1 dl de bouillon chaud.
Versez le riz dans le panier du cuit-vapeur et ajoutez l'huile. Remuez bien pour répartir uniformément.
Incorporez la citronnelle au bouillon restant et faites-y cuire le riz pendant 20 minutes.
Ajoutez les jets de soja et remuez délicatement.
Versez le poulet soigneusement égoutté et le lait de coco.
Dressez dans un plat ou un grand bol et servez bien chaud.
Saupoudrez de menthe ciselée finement.

Roulade de bœuf aux fruits secs et à la vapeur de thym

Pour 8 personnes

Temps de préparation : 30 minutes
Temps de cuisson : 60 minutes

1 morceau de poitrine de bœuf de 1 kg
200 g de pruneaux
200 g d'abricots
Quelques brins de thym frais
50 g de beurre
4 dl de bouillon de bœuf

Coupez la viande pour obtenir un long morceau facile à rouler. Saupoudrez la face intérieure de thym.

Posez en alternance, sur 10 centimètres de viande, pruneaux et abricots. Roulez la viande en calant bien les fruits à l'intérieur.

Maintenez-la fermement d'une main et continuez à la farcir de l'autre jusqu'à ce que tout le morceau soit roulé. Ficelez.

Faites dorer la viande sur toutes les faces dans le beurre chaud puis posez-la dans le panier du cuit-vapeur.

Ajoutez quelques brins de thym au bouillon et faites cuire la viande pendant 60 minutes à la vapeur du bouillon. Découpez en tranches régulières juste avant de servir.

Veau aux asperges blanches, sauce crème au thym

Pour 4 personnes

Temps de préparation : 20 minutes
Temps de cuisson : 25 minutes

600 g de filet de veau
1 botte d'asperges, 1 bouquet de thym
2 dl de bouillon de légumes
2 cuillerées à soupe de farine
2 cuillerées à soupe d'huile d'olive
2 dl de crème fraîche
2 cuillerées à soupe de ciboulette hachée

Pelez les asperges.
Incorporez le thym au bouillon et faites-le chauffer à feu doux.
Farinez la viande, puis faites-la revenir dans l'huile très chaude.
Diminuez le feu, laissez-la cuire doucement pendant 10 minutes.
Faites cuire les asperges 8 minutes dans la vapeur du bouillon. Otez-les, puis coupez-les en morceaux de 3 centimètres.
Dressez la viande et les asperges dans le plat de service et réservez au chaud.
Filtrez le bouillon, incorporez-y la crème puis laissez épaissir à feu vif, vérifiez l'assaisonnement.
Versez cette sauce sur la préparation. Saupoudrez de ciboulette hachée et servez bien chaud.

LES LÉGUMES

Flans d'asperges

Pour 4 personnes

Temps de préparation : 15 minutes
Temps de cuisson : 18 minutes

8 asperges blanches
4 asperges vertes
3 œufs
1 dl de crème fraîche
1 pincée de noix muscade
Poivre, sel

Pelez les asperges blanches. Coupez les asperges vertes et blanches en morceaux.
Posez-les dans un panier et faites-les cuire 10 minutes à la vapeur d'eau. Elles doivent rester *al dente*.
Battez les œufs avec la crème fraîche, salez et poivrez et parfumez de noix muscade.
Disposez les asperges dans quatre ramequins puis versez les œufs battus.
Couvrez et faites cuire à la vapeur d'eau pendant 8 minutes. L'œuf battu doit être ferme.
Nous vous conseillons de servir ce plat avec un gigot d'agneau ou un rôti de veau à la moutarde.

Champignons à la sauce d'huîtres

La sauce d'huîtres se trouve dans le rayon des produits asiatiques ou dans les épiceries spécialisées. Cette recette permet de savourer son parfum sans consommer trop de sel.

Pour 4 personnes

Temps de préparation : 10 minutes
Temps de cuisson : 8 minutes

250 g de champignons de Paris
6 oignons nouveaux
1 cuillerée à soupe de sauce d'huîtres
1 piment rouge, 2 dl de bouillon de légumes

Nettoyez les champignons avec un morceau de papier essuie-tout et coupez les plus grands en deux.
Coupez les oignons en rondelles puis posez-les avec les champignons dans le panier du cuit-vapeur.
Versez la sauce d'huîtres dans le bouillon et faites cuire les champignons 6 minutes à la vapeur.
Coupez le piment en petits morceaux, mettez-le dans le panier et faites cuire encore 2 minutes.
Transvasez dans un plat de service et servez tiède.

Fenouil au citron

Pour 4 personnes

Temps de préparation : 10 minutes
Temps de cuisson : 8 minutes

2 bulbes de fenouil
1 citron
1 cuillerée à soupe de basilic
2 gousses d'ail
2 dl de bouillon de légumes
Poivre

Coupez les fenouils en lamelles de 5 millimètres et le citron en fines tranches. Hachez le basilic et pressez l'ail. Mélangez le fenouil, le citron, l'ail et le basilic.
Posez-le tout dans le panier du cuit-vapeur. Versez le bouillon dans le fond et faites cuire 8 minutes à la vapeur. Le fenouil doit être croquant. Poivrez.
Servez chaud ou froid avec du poisson blanc cuit au four ou à la poêle.

Nids d'épinards aux œufs de caille

Pour 4 personnes

Temps de préparation : 15 minutes
Temps de cuisson : 15 minutes

1 kg d'épinards en branches
2 oignons
4 œufs de caille
1 pincée de noix muscade
Poivre, sel

Hachez les épinards rincés et les oignons. Mélangez.
Posez les légumes dans un panier et faites-les fondre 3 minutes à la vapeur d'eau. Parfumez-les avec la noix muscade, salez et poivrez.
Remplissez quatre ramequins d'épinards puis formez avec le dos d'une cuillère un creux au centre.
Cassez un œuf dans le creux.
Placez les ramequins dans un panier et faites cuire à la vapeur d'eau. Quand le blanc des œufs est pris, le plat est prêt.
Servez aussitôt.

Pâtes de riz aux légumes et jets de bambou

Vous trouvez les pâtes de riz au rayon des produits asiatiques ou dans les épiceries spécialisées.

Pour 4 personnes

Temps de préparation : 25 minutes
Temps de cuisson : 13 minutes

200 g de pâtes de riz
1 boîte de jets de bambou
2 tomates, 1 oignon doux
1 blanc de poireau, 1 poivron vert
2 dl de bouillon de volaille
2 cuillerées à soupe de vinaigre de vin
2 cuillerées à soupe de sucre fin
1 cuillerée à café de gingembre en poudre,
1 gousse d'ail

Rincez les jets de bambou à l'eau, égouttez-les et coupez-les en bâtonnets. Pelez les tomates et coupez la chair en dés. Coupez l'oignon pelé et le poireau en rondelles. Epépinez le poivron et coupez-le en bâtonnets. Faites cuire le poivron 2 minutes à la vapeur du bouillon. Incorporez les rondelles de poireau et d'oignon, puis, au bout de 3 minutes, les tomates et le bambou. Laissez encore cuire 1 minute.

Retirez le panier et réservez les légumes. Versez les pâtes directement dans le bouillon et laissez-les cuire 5 minutes. Mélangez le vinaigre de vin, le sucre, le gingembre et l'ail pressé. Réservez. Sortez les pâtes avec une écumoire, mélangez-les aux légumes et au vinaigre. Remettez le panier dans le cuit-vapeur pendant 2 minutes avant de servir.

Poivrons farcis au riz et tomates

Choisissez des poivrons de couleurs différentes pour un plus bel effet.

Pour 4 personnes

Temps de préparation : 15 minutes
Temps de cuisson : 30 minutes

200 g de riz, 3 dl de bouillon de bœuf
1 feuille de laurier, 2 poivrons
1 oignon, 2 tomates
1 cuillerée à soupe de basilic haché
1 cuillerée à soupe d'huile d'olive

Faites cuire le riz 20 minutes à la vapeur du bouillon dans lequel vous aurez mis la feuille de laurier.
Réservez le riz au chaud et gardez le reste du bouillon.
Coupez les poivrons en deux, ôtez les graines et les parties blanches. Posez-les dans le cuit-vapeur et laissez-les cuire 5 minutes à la vapeur du bouillon.
Faites revenir l'oignon haché dans l'huile.
Pelez, épépinez les tomates et coupez la chair en dés.
Mélangez le riz, l'oignon, le basilic et les dés de tomates.
Farcissez les poivrons de ce mélange, laissez-les pendant 5 minutes dans la vapeur du bouillon encore chaud.
Ce plat se savoure tiède ou froid.

Pommes de terre à la vapeur de menthe

Pour 4 personnes

Temps de préparation : 15 minutes
Temps de cuisson : 10 minutes

1 kg de pommes de terre à la chair ferme
5 dl de bouillon de poulet
1 bouquet de menthe
150 g de beurre
4 cuillerées à soupe de persil haché
Poivre, sel

Pelez et coupez les pommes de terre en morceaux de taille égale.
Réservez 10 feuilles de menthe et incorporez le reste au bouillon.
Faites cuire les pommes de terre à la vapeur du bouillon 10 minutes. Vérifiez la cuisson à l'aide d'une fourchette.
Faites fondre le beurre à feu doux, incorporez les feuilles de menthe réservées et ciselées finement, puis le persil.
Poivrez et salez.
Versez la sauce sur les pommes de terre disposées dans un plat.
Servez bien chaud.

Riz au crabe

Pour 4 personnes

Temps de préparation : 15 minutes
Temps de cuisson : 22 minutes

250 g de riz basmati
4 dl de bouillon de légumes
2 cuillerées à soupe d'huile
100 g d'épinards en branches
150 g de chair de crabe
2 cuillerées à soupe de sauce soja
1 oignon

Versez l'huile et l'oignon haché sur le riz. Versez le riz dans le panier et faites-le cuire 20 minutes à la vapeur du bouillon.
Rincez les épinards, égouttez-les soigneusement puis ajoutez-les au riz cuit. Laissez-les fondre pendant 2 minutes à la vapeur. Versez la sauce soja. Mélangez.
Incorporez la chair de crabe dans le riz aux épinards.
Servez bien chaud.

Riz au gingembre

Pour 4 personnes

Temps de préparation : 20 minutes
Temps de cuisson : 25 minutes

200 g de riz parfumé
2 cuillerées à soupe de sauce soja
7 dl de bouillon de légumes
100 g de haricots verts
2 carottes
2 navets
2 blancs de poireaux
2 gousses d'ail
1 cuillerée à soupe de gingembre frais râpé

Mettez le riz parfumé dans le panier du cuit-vapeur.
Versez la sauce soja dans le bouillon et faites cuire le riz 15 minutes à la vapeur de bouillon.
Coupez les haricots verts en morceaux, râpez les navets et les carottes, émincez les poireaux très finement et hachez les gousses d'ail.
Incorporez tous ces ingrédients et le gingembre au riz. Mélangez.
Faites reprendre la cuisson du riz pendant encore 10 minutes.
Servez bien chaud.

Taboulé aux fruits de mer

Pour 4 personnes

Temps de préparation : 30 minutes
Temps de cuisson : 9 minutes

1 dl de vin blanc sec
2 dl de bouillon de légumes
3 calamars, 1 poivron rouge
100 g de semoule de blé
1 bouquet de menthe
2 tomates, 1 concombre
1/2 kg de moules
2 cuillerées à soupe d'huile d'olive
150 g de crevettes roses
1 citron
4 langoustines cuites

Faites chauffer ensemble le vin et le bouillon de légumes.
Coupez les calamars en morceaux.
Epépinez et coupez le poivron en dés.
Faites cuire les moules 4 minutes dans la vapeur du bouillon, puis les calamars et le poivron 5 minutes. Réservez-les au frais.
Préparez la semoule selon les instructions du paquet.

Versez l'huile et le jus de citron sur la menthe hachée. Pelez et épépinez les tomates et le concombre. Coupez la chair en dés et incorporez-les à la menthe.
Mélangez la semoule tiède avec les légumes et les herbes. Ajoutez les moules, les calamars puis les crevettes roses. Dressez les langoustines au dernier moment.
Servez bien frais.

Turban aux courgettes

Pour 6 personnes

Temps de préparation : 15 minutes
Temps de cuisson : 45 minutes

5 courgettes
4 œufs
2 dl de crème fraîche
1 oignon nouveau
1/2 l de lait
100 g de farine
100 g de fromage râpé
1 cuillerée à soupe de brindilles thym
Poivre, sel

Battez les œufs avec le poivre et la crème fraîche. Réservez.
Coupez une courgette en fines tranches. Râpez les autres courgettes.
Hachez l'oignon.
Faites bouillir le lait et ajoutez, hors du feu, les courgettes râpées et l'oignon.
Remettez sur le feu pendant 1 minute. Retirez la casserole du feu. Puis versez la farine en une fine pluie, les œufs battus, le fromage et le thym.
Beurrez légèrement un moule à turban et recouvrez le fond des tranches de courgettes.
Versez la préparation dans le moule.
Couvrez de papier aluminium et faites cuire 40 minutes à la vapeur d'eau.
Cette couronne se sert tiède ou froide.

LES CONDIMENTS

Ail confit

Pour 4 personnes

Temps de préparation : 15 minutes
Temps de cuisson : 35 minutes

6 têtes d'ail
2 échalotes
2 verres de vin rouge
3 dl de bouillon de bœuf
2 morceaux de sucre

Pelez les têtes d'ail et posez les gousses dans un panier. Faites-les cuire à la vapeur du bouillon. Piquez-les à l'aide d'une fourchette pour vérifier la cuisson ; elles doivent être fondantes. Réservez.
Versez le vin, le sucre et les échalotes dans ce qui reste du bouillon et faites réduire en sirop.
Incorporez les gousses réservées, remuez délicatement.
Laissez tiédir avant de servir sur un morceau de pain grillé.

Compote d'oignons rouges au thym

Pour 8 personnes

Temps de préparation : 20 minutes
Temps de cuisson : 10 minutes

500 g d'oignons rouges
1 bouquet de thym
2 cuillerées à café de vinaigre balsamique
20 cl de bouillon de légumes
1 cuillerée à soupe de sucre en poudre

Epluchez et émincez les oignons.
Réservez quelques brins de thym et incorporez le reste au bouillon.
Faites cuire les oignons 5 minutes à la vapeur. Saupoudrez-les de sucre.
Versez le vinaigre dans le bouillon et faites reprendre la cuisson. Laissez cuire pendant encore 5 minutes.
Mettez les oignons dans un plat de service puis versez 3 cuillerées à soupe de jus de cuisson. Mélangez.
Garnissez du thym réservé.
Cette compote accompagnera un rôti de porc ou de bœuf.

Petits oignons à la vapeur de clou de girofle

Pour 6 personnes

Temps de préparation : 20 minutes
Temps de cuisson : 10 minutes

500 g d'oignons grelots frais
2 l d'eau
2 dl de bouillon de volaille
1 dl de vin blanc
5 clous de girofle
4 gousses d'ail
2 cuillerées à soupe de sucre
Poivre

Jetez les oignons préalablement pelés dans l'eau bouillante. Laissez-les 30 secondes puis passez-les sous l'eau froide. Vous pourrez facilement en ôter les pelures en frottant les oignons entre les doigts.
Posez-les dans le panier du cuit-vapeur et ajoutez-y les gousses d'ail. Versez le bouillon, le vin et les clous de girofle dans le fond du cuit-vapeur. Laissez cuire 10 minutes puis versez le sucre. Poivrez et mélangez.
Ces petits oignons accompagneront parfaitement vos grillades de viande ou de poissons.

LES DESSERTS

Pêches glacées au thé au jasmin

Pour cette recette nous recommandons le thé au jasmin mais tout autre thé donnera un résultat aussi savoureux.

Pour 4 personnes

Temps de préparation : 10 minutes
Temps de cuisson : 8 minutes

4 pêches, 2 dl d'eau
1 cuillerée à soupe de feuilles de thé au jasmin
4 cuillerées à soupe de sucre
Le jus de 1/2 citron

Portez l'eau à ébullition.
Coupez les pêches en deux et ôtez le noyau. Posez les fruits, la face coupée vers le haut, dans un panier.
Versez les feuilles de thé dans l'eau très chaude, puis faites cuire les pêches pendant 4 minutes dans la vapeur de thé. Réservez.
Filtrez le jus de cuisson puis incorporez le sucre et le citron. Versez le mélange sur les pêches.
Servez ce dessert bien glacé.

Cake au chocolat amer et au pain

Pour 8 personnes

Temps de préparation : 15 minutes
Temps de cuisson : 50 minutes

6 tranches de pain blanc sans croûte
60 g de beurre
200 g de chocolat amer
3 œufs
50 g de farine
100 g de sucre
20 g de sucre vanillé

Faites fondre 50 grammes de beurre et le chocolat.
Mélangez les jaunes, la farine et les sucres.
Incorporez le beurre fondu et les blancs d'œufs battus en neige.
Beurrez un moule à cake puis versez une couche de pâte, recouvrez de tranches de pain et répétez ces opérations jusqu'à ce que le moule soit rempli aux deux tiers.
Couvrez le tout avec du papier aluminium et faites cuire 50 minutes à la vapeur d'eau.
Retirez le papier, puis laissez refroidir le cake.

Crème à l'anis

Pour 4 personnes

Temps de préparation : 15 minutes
Temps de cuisson : 35 minutes

4 œufs
100 g de sucre
3 dl de lait
8 étoiles d'anis
ou 4 gouttes d'extrait d'anis

Chauffez le lait et laissez les étoiles d'anis infuser 10 minutes. Filtrez. Si vous utilisez de l'extrait d'anis incorporez-le directement au lait bouillant.
Battez les œufs et le sucre jusqu'à obtention d'un mélange crémeux, puis versez le lait et mélangez.
Versez la préparation dans des ramequins et couvrez de papier aluminium.
Faites cuire 25 minutes à la vapeur d'eau.

Figues au vin doux

Pour 4 personnes

Temps de préparation : 10 minutes
Temps de cuisson : 10 minutes

12 figues
1 orange
4 dl de vin de muscat
1 sachet de sucre vanillé
2 cuillerées à soupe de miel

Lavez l'orange et prélevez son zeste.
Pressez-la, puis mélangez le jus avec le vin.
Posez les figues dans le panier du cuit-vapeur et faites-les cuire 6 minutes à la vapeur du vin.
Sortez-les du panier puis disposez-les sur un plat de service.
Ajoutez le sucre, le miel et les zestes au vin et versez le mélange dans le fond du cuit-vapeur.
Laissez le cuit-vapeur ouvert et faites réduire le vin pendant quelques minutes afin d'obtenir un caramel léger.
Versez la préparation sur les figues et laissez refroidir au frais avant de servir.

Poires au vin rouge

Pour 4 personnes

Temps de préparation : 15 minutes
Temps de cuisson : 30 minutes

4 poires fermes
1/2 bouteille de vin rouge
1 pincée de cannelle
1 pincée de noix muscade
1 pincée de poivre blanc
1 pincée de clou de girofle
4 cuillerées à soupe de sucre
1 citron vert
2 cuillerées à soupe de sirop de cassis

Prélevez le zeste et le jus du citron.
Faites bouillir le vin avec les épices, le sucre et le zeste du citron.
Pelez les poires et faites-les cuire pendant 20 minutes à la vapeur du vin. Vérifiez la cuisson avec une fourchette.
Posez les fruits sur un plat de service et nappez-les d'un peu de bouillon afin qu'elles ne dessèchent pas.
Versez le jus du citron et le sirop de cassis dans le bouillon et faites réduire jusqu'à environ 1,5 décilitre.
Filtrez le sirop ainsi obtenu puis versez-le sur les poires.

Pommes à la cannelle et au beurre de ferme

Pour 4 personnes

Temps de préparation : 15 minutes
Temps de cuisson : 35 minutes

4 pommes
150 g de beurre
2 cuillerées à café de cannelle
4 cuillerées à soupe de sucre brun

Otez le centre des pommes à l'aide d'un vide-pomme.
Mélangez le beurre, la cannelle et le sucre brun.
Remplissez le creux des pommes de beurre aromatisé et emballez les fruits, individuellement, dans du papier d'aluminium.
Faites cuire 35 minutes à la vapeur d'eau.
Servez ce dessert chaud ou tiède.

Recettes : Véronique De Meyer

Photographies : Michel De Meyer, Sarah Goosens

Stylisme culinaire : Marc Meersman

Direction artistique : studio de création Flammarion

Mise en pages de la présente édition : Claude-Olivier Four

Dépôt légal : septembre 2003
ISBN : 2-0820-1181-X
Numéro d'édition : FT 1181-06
Achevé d'imprimer en novembre 2003 par Pollina s.a. - n° L91801

www.editions.flammarion.com